AF193606

Dibujo mis muñecas
KOKESHI
Ophélie Ortal 

edebé

¿Sabías que las muñecas *kokeshi* son originarias de Tohoku, una región del norte de Japón? Tienen el cuerpo cilíndrico tallado en madera y pintado a mano, y representan a niñas.

¡Aprende a crear preciosas muñecas *kokeshi*! Con los modelos y consejos que te ofrecemos en este libro, podrás dibujarlas con facilidad.

Empieza con el modelo que más te guste y, a continuación, agrégale color. Así aprenderás a dar vida a tus muñecas favoritas. A base de práctica, pronto crearás nuevos y magníficos diseños.

¡TE TOCA A TI!

ÍNDICE

CONSEJOS PARA DIBUJAR BIEN

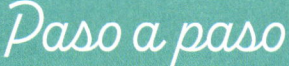
Paso a paso

Coge un lápiz para trazar tu dibujo.
En cada paso, reproduce las líneas de color.
Las negras corresponden a aquellas que ya has trazado en el paso anterior.

Las proporciones

Las *kokeshi* tienen la cabeza redondeada, lo que las hace monísimas. Por lo tanto, puedes empezar dibujando un círculo grande para representar la cabeza. Por otra parte, el cuerpo debe ser cilíndrico.

Los ojos

Para dibujar los ojos, traza los párpados en mitad del rostro y a la misma altura. A continuación, dibuja unos óvalos negros justo debajo de los párpados.

El color

Para los fondos lisos, usa rotuladores de varios colores. Si quieres hacer sombras, puedes usar los mismos tonos un pelín más oscuros. Cuando hayas terminado, repasa los contornos con un rotulador negro.

LA DANZA DEL ABANICO

1 Empieza dibujando la cabeza.

2

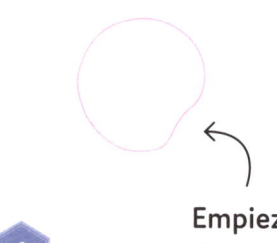

3

4 Traza líneas verticales y horizontales para formar un bonito kimono.

5

6

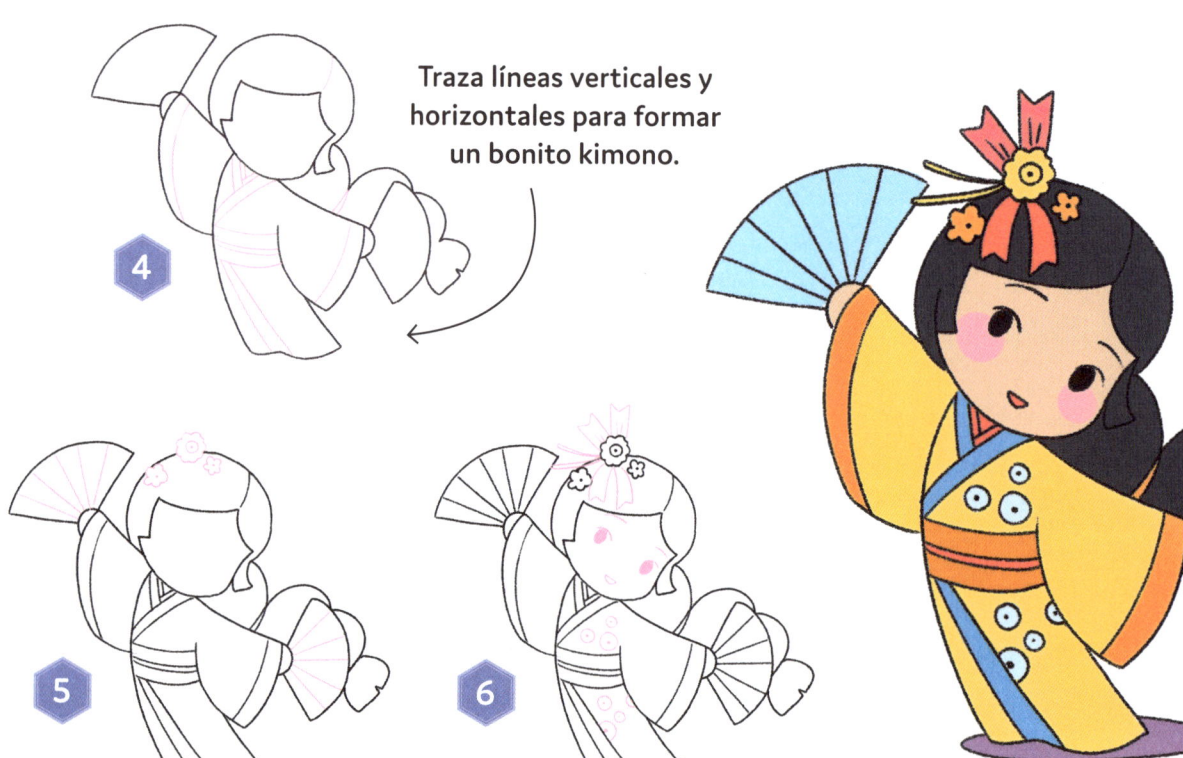

EL ABANICO TRADICIONAL

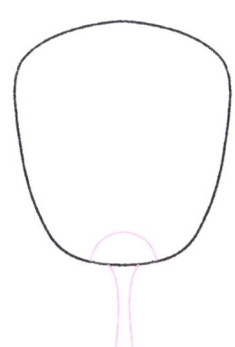

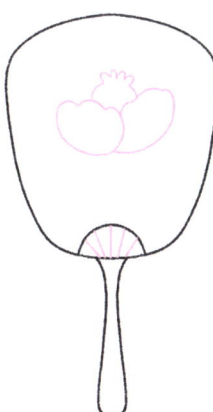

Traza líneas verticales para representar los pliegues del abanico. Deben estar separadas de manera regular.

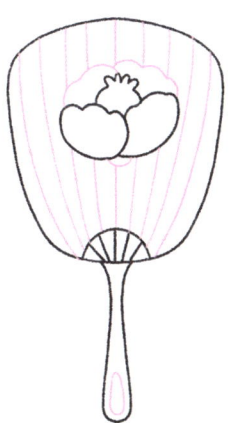

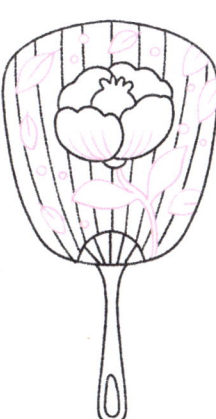

¿Sabías que el yukata es un kimono que se lleva en verano? Los japoneses se lo ponen para festivales y eventos tradicionales.

LA INSTRUMENTISTA

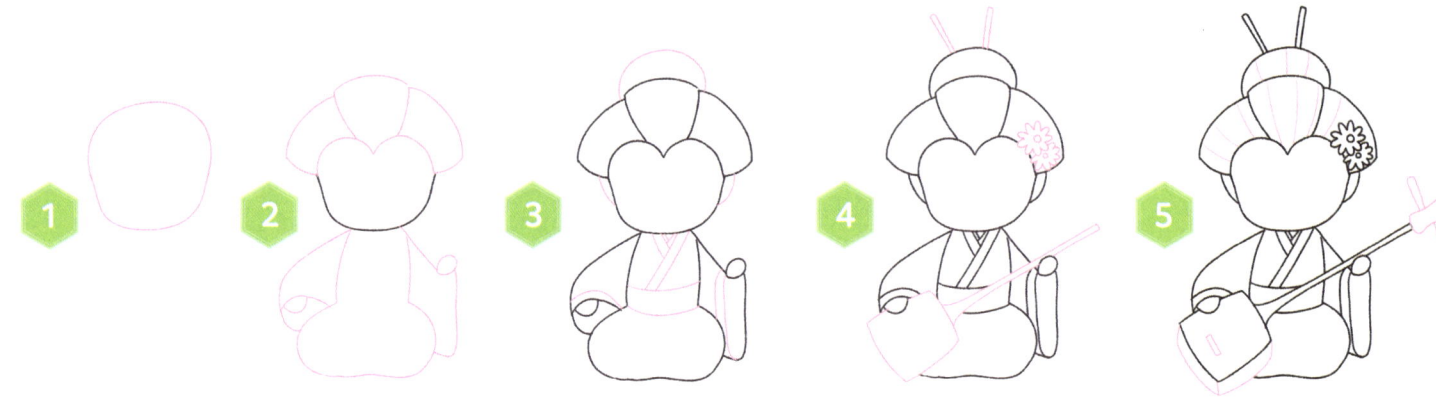

Esboza gotitas para crear las flores del kimono.

¿Sabes cómo se llama este instrumento tradicional japonés?
Es el shamisen, un instrumento de tres cuerdas
que se inventó en la isla de Okinawa.

EL ATUENDO TRADICIONAL

Dibuja un semicírculo
en cada lado de la cabeza para
representar los moños.

Detalla los rasgos del rostro,
y a continuación traza unos
cuadritos para decorar el kimono.

EL PULPO

1

2

3

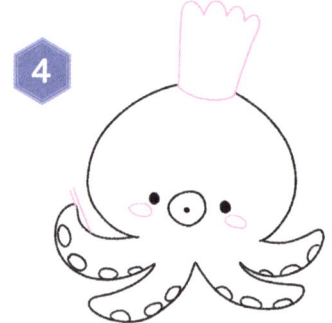

4

5

6

Intenta copiar estos símbolos para escribir la palabra *pulpo* en japonés.

7

たこやき

EL RAMEN

Dibuja espirales dentro de los óvalos.

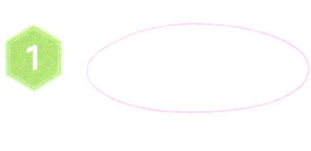 1

 2

 3

 4

¿Sabes cuáles son los ingredientes del ramen, el plato japonés tradicional? Es un caldo con fideos, al cual se le puede añadir carne o pescado, verduras, algas y huevo.

 5

 6

 7

EL FESTIVAL DE LOS FAROLILLOS

Esboza tres bolitas para crear un bonito peinado.

Dibuja un farolillo en la parte delantera del palo y un banderín en la trasera.

EL FAROL DE PIEDRA

1 2 3

Dibuja cuatro cuadrados
idénticos para representar
una ventana pequeña.

4 5 6

LA CEREMONIA DEL TÉ

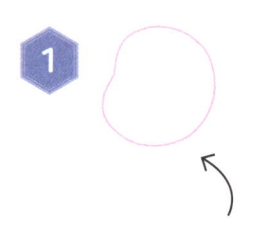

1

Empieza trazando
la cabeza.

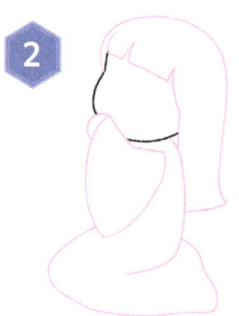

2

3

Dibuja una tacita
en las manos y un cojín
bajo los pies.

4

5

6

EL JUEGO DE TÉ

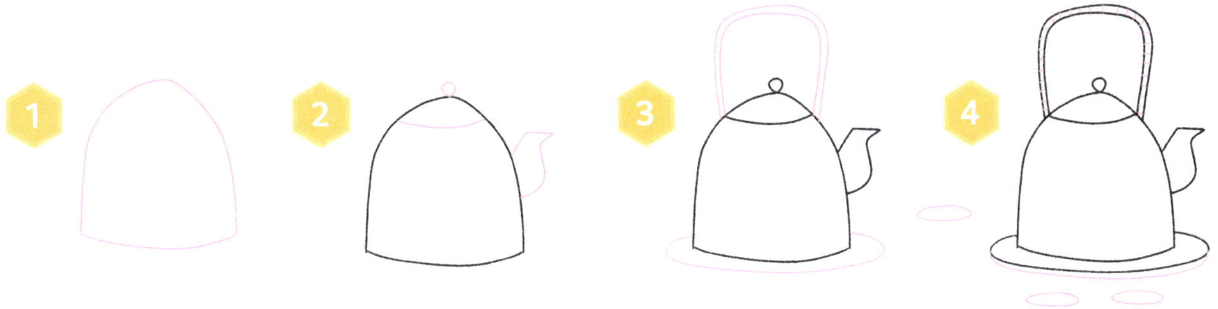

1

2

3

4

5

6

No te preocupes si los detalles
no son perfectos; ¡le dará más alma
a tu juego de té!

¿Sabías que, en Japón, la ceremonia del té es un verdadero
arte tradicional? Tiene varios pasos con un código muy estricto.
Se toma té matcha con pastitas.

EL TENTEMPIÉ

Dibuja un círculo grande
para hacer la cabeza.

Traza tres bolitas para
crear una brocheta dulce.
¡Son *dangos*!

EL PUESTECILLO TRADICIONAL

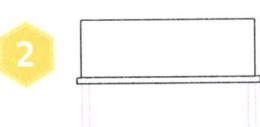

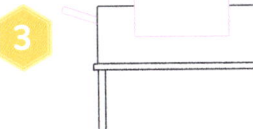

Dibuja un cuadrado en la parte superior, un rectángulo en la parte inferior y un triángulo en el lado derecho.

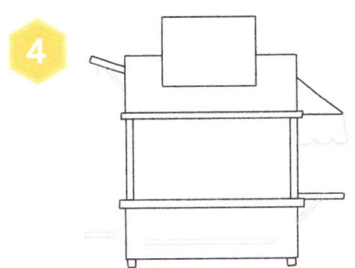

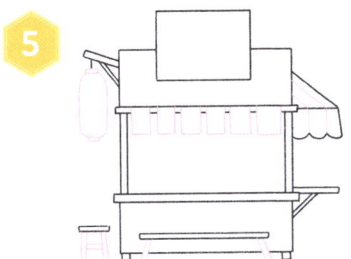

¿Sabes cómo se llaman estas tiendecillas japonesas? Son los yatai. Estos puestecillos ambulantes de comida, que están al aire libre, se encuentran en todas las ciudades japonesas.

LA SOMBRILLA TRADICIONAL

1

2

3

Traza un gran círculo tras tu *kokeshi* para hacer una sombrilla.

4

5

6

LA RAMA DE CEREZO

Pinta de rosa
las florecillas del cerezo.

Dibuja algunos pétalos
cayendo de la rama.

LA PEQUEÑA RAPOSA

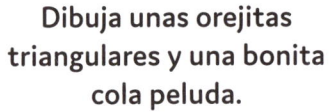

Dibuja unas orejitas triangulares y una bonita cola peluda.

1

Para empezar, esboza la cabeza.

2

3

4

5

EL MANEKI-NEKO

¿Sabías que el maneki-neko es tan querido por los japoneses que incluso le han dedicado un día? ¡El 29 de septiembre! Estas figuritas están en la entrada de las tiendas para atraer la buena suerte y la fortuna.

Dibuja las garritas de las cuatro patas y acaba las orejas.

EL FAROLILLO

1

Dibuja una bonita melena y mangas en forma de triángulo.

2

3

4

5

6

EL TEMPLO

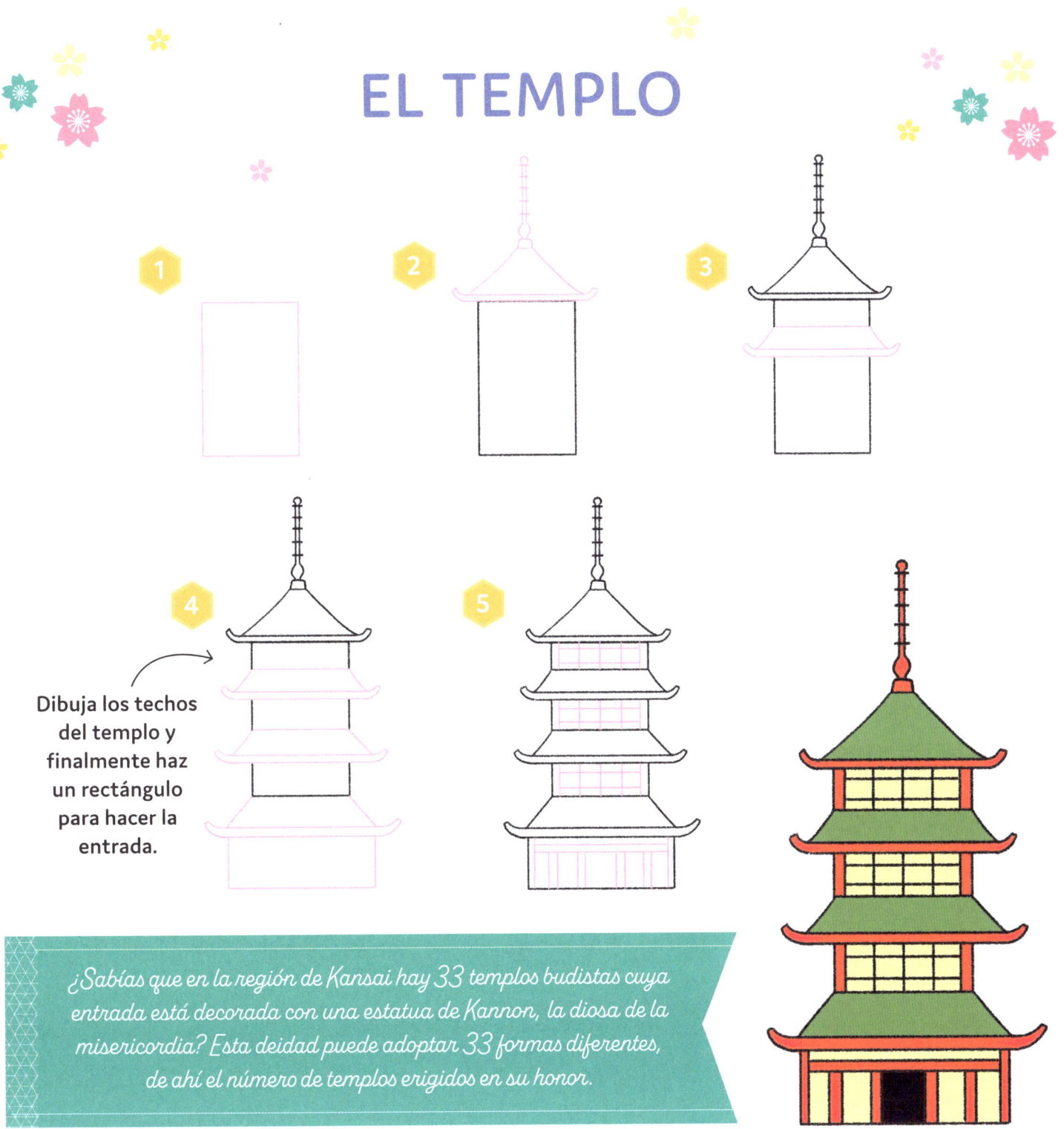

1

2

3

4

Dibuja los techos del templo y finalmente haz un rectángulo para hacer la entrada.

5

¿Sabías que en la región de Kansai hay 33 templos budistas cuya entrada está decorada con una estatua de Kannon, la diosa de la misericordia? Esta deidad puede adoptar 33 formas diferentes, de ahí el número de templos erigidos en su honor.

EL PEZ DE PAPEL

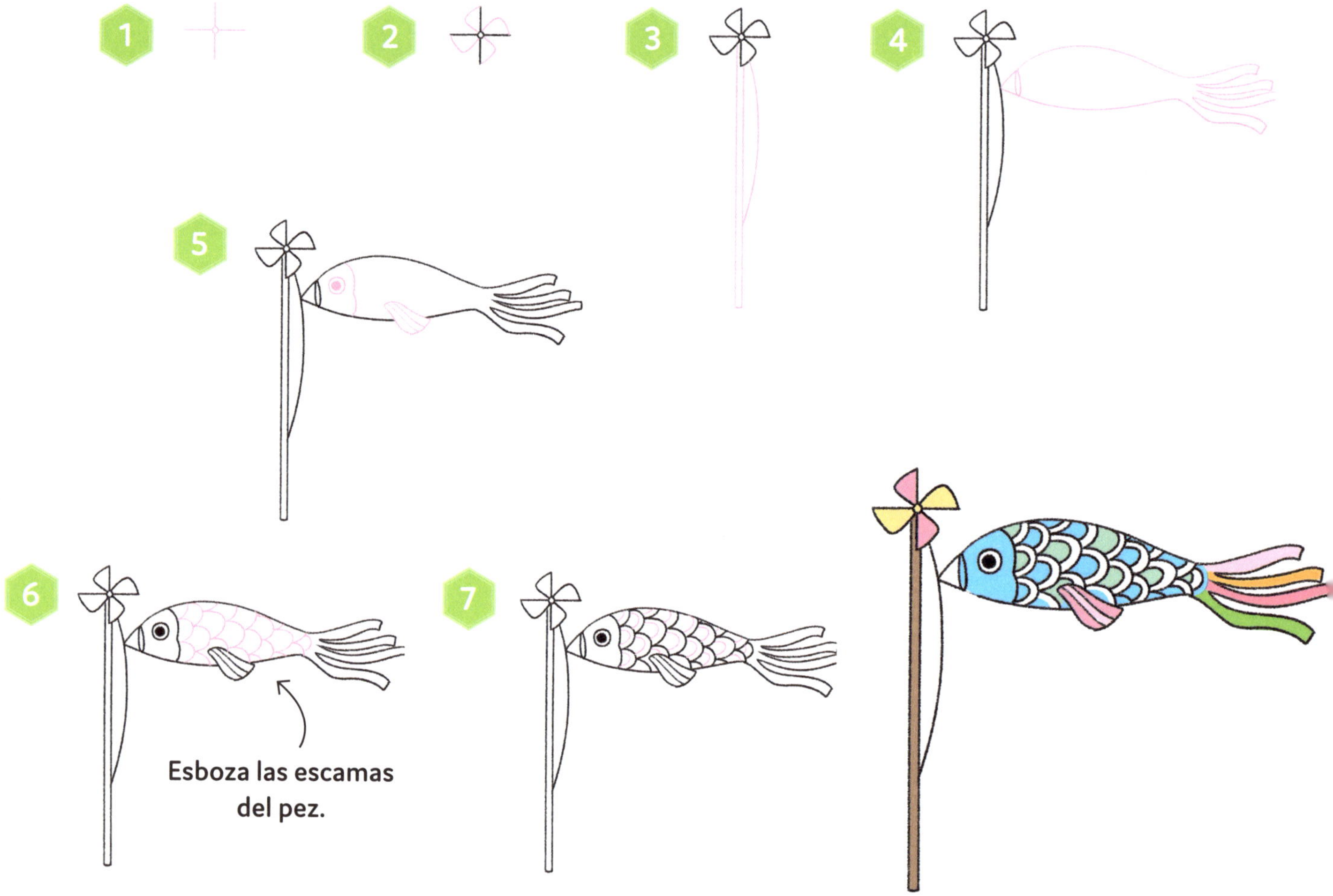
1
2
3
4
5
6
7
Esboza las escamas del pez.

¿Sabías que, en Japón, el 5 de mayo es un día dedicado a los niños? Tienen la costumbre de decorar las casas con un poste del que se cuelgan carpas de papel o de seda, llamadas koinobori, ¡una para cada miembro de la familia! La carpa es símbolo de éxito, crecimiento, longevidad y valentía.

LA PUERTA SAGRADA

1

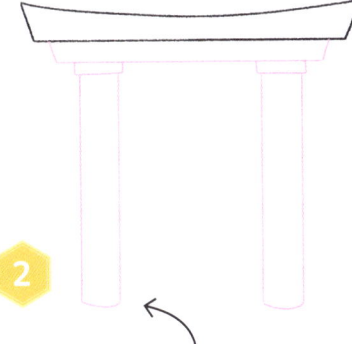

2

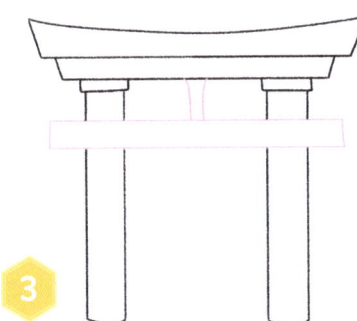

3

 Dibuja las dos columnas de tu *torii*.

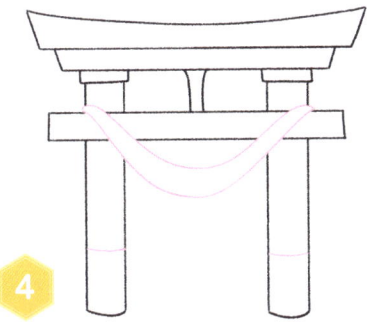

4

5

PEFC Certificado
Este producto
procede de bosques
gestionados de forma
sostenible y fuentes
controladas

PEFC

PEFC/46-31-13   www.pefc.ro

Título original: *Je dessine mes poupées KOKESHI*

© Fleurus Editions – París, 2023
Ilustraciones: Ophélie Ortal
Textos: Caroline Guineton

© Edición española: Grupo Edebé
Paseo de San Juan Bosco, 62
08017 Barcelona. España
www.edebe.com

© Traducción: Irene Vílchez Sánchez

Dirección editorial de Publicaciones no ficción: Marta Sans
Editora: Clàudia Sabater

ISBN: 978-84-683-7247-1
Depósito legal: B. 6887-2024
Impreso en Rumanía / Printed in Romania